Impressum

Verlag: BABADADA GmbH, Nedderfeld 112 , 22529 Hamburg

Geschäftsführer / Verlagsleitung: Harald Hof

Druck: Books on Demand GmbH, In de Tarpen 42, 22848 Norderstedt

Imprint

Publisher: BABADADA GmbH, Nedderfeld 112 , 22529 Hamburg, Germany

Managing Director / Publishing direction: Harald Hof

Print: Books on Demand GmbH, In de Tarpen 42, 22848 Norderstedt, Germany

ትምህርት ቤት

школа

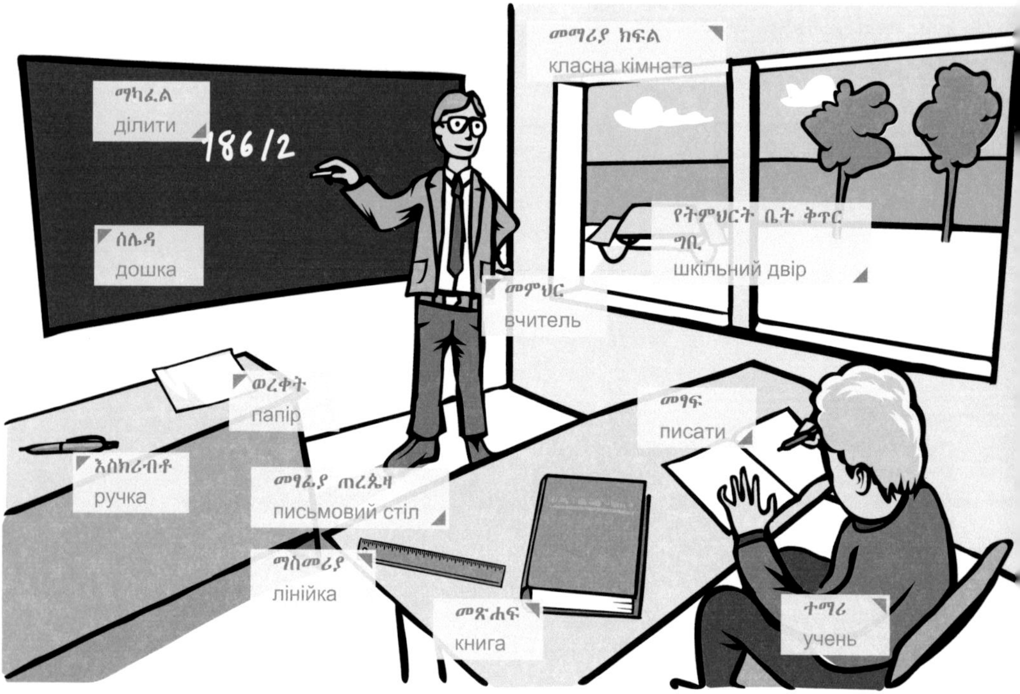

መማሪያ ክፍል
класна кімната
ማካፈል
ділити
186/2
ሰሌዳ
дошка
የትምህርት ቤት ቅጥር ግቢ
шкільний двір
መምህር
вчитель
ወረቀት
папір
መፃፍ
писати
እስክሪብቶ
ручка
መፃፊያ ጠረጴዛ
письмовий стіл
ማስመሪያ
лінійка
መጽሐፍ
книга
ተማሪ
учень

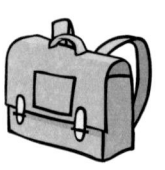

የጀርባ ቦርሳ

ранець

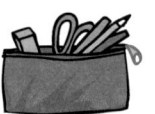

የእርሳስ መያዣ

пенал

እርሳስ

олівець

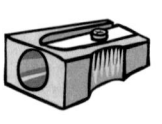

የእርሳስ መቅረጫ

точило

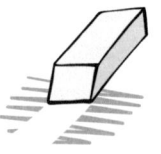

ላጲስ

гумка

የስዕል ደብተር

альбом для малювання

ስዕል

малюнок

የቀለም ብሩሽ

пензель

የቀለም ሳጥን

коробка фарб

መቀስ

ножиці

ማጣበቂያ

клей

መልመጃ ደብተር

зошит

የቤት ስራ

домашнє завдання

ቁጥር

число

መደመር

додавати

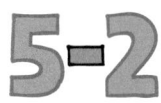

መቀነስ

віднімати

ማባዛት

множити

ቁጥሮችን ማስላት

рахувати

ደብዳቤ

літера

ፊደላት

абетка

ቃል

слово

ፅሑፍ

текст

ማንበብ

читати

ጠመኔ

крейда

ትምህርት

година

ምዝገባ

класний журнал

ፈተና

екзамен

ሰርተፊኬት

диплом

የትምህርት ቤት የደንብ ልብስ

шкільна форма

ትምህርት

освіта

አዉደ ጥበብ

лексикон

ዩኒቨርስቲ

університет

የምርምር አጉሊ መሳርያ

мікроскоп

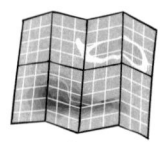

ካርታ

карта

የቆሻሻ ወረቀት መጣያ ቅርጫት

кошик для паперу

подорож

ሆቴል
готель

Grand

ማረፊያ ቤት
турбаза

ROOMS

የዉጭ ገንዘብ ምንዛሪ
ቢሮ
обмінний пункт

ECHANGE

ልብስ መያዣ
ሻንጣ
валіза

መኪና
автомобіль

ቋንቋ

мова

አዋ/ አይደለም

так / ні

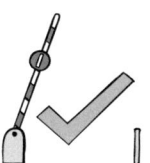

እሺ

добре

ሰላም

привіт

አስተርጓሚ

перекладач

አመሰግናለሁ

дякую

ስንት ነዉ.......?

Скільки коштує ...?

አልገባኝም

Я не розумію

እክል

проблема

እንደምን አመሹ!

Добрий вечір!

እንደምን አደሩ!

Доброго ранку!

መልካም ምሽት!

На добраніч!

ደህና ይስነብቱ

До побачення

አቅጣጫ

напрямок

ሻንጣ

багаж

ቦርሳ

сумка

የጀርባ ቦርሳ

рюкзак

እንግዳ

гість

ክፍል

кімната

የመተኛ ቦርሳ

спальний мішок

ድንኳን

намет

የጉብኝዎች መረጃ

туристична інформація

የባህር ዳርቻ

пляж

ክሬዲት ካርድ

кредитна картка

ቁርስ

сніданок

ምሳ

обід

እራት

вечеря

ቲኬት

квиток

አሳንስር

ліфт

ማህተም

поштова марка

ድንበር

межа

ባህሎች

митниця

ኤምባሲ

посольство

ቪዛ/የይለፍ ወረቀት

віза

ፓስፖርት

паспорт

መጓጓዣ

транспорт

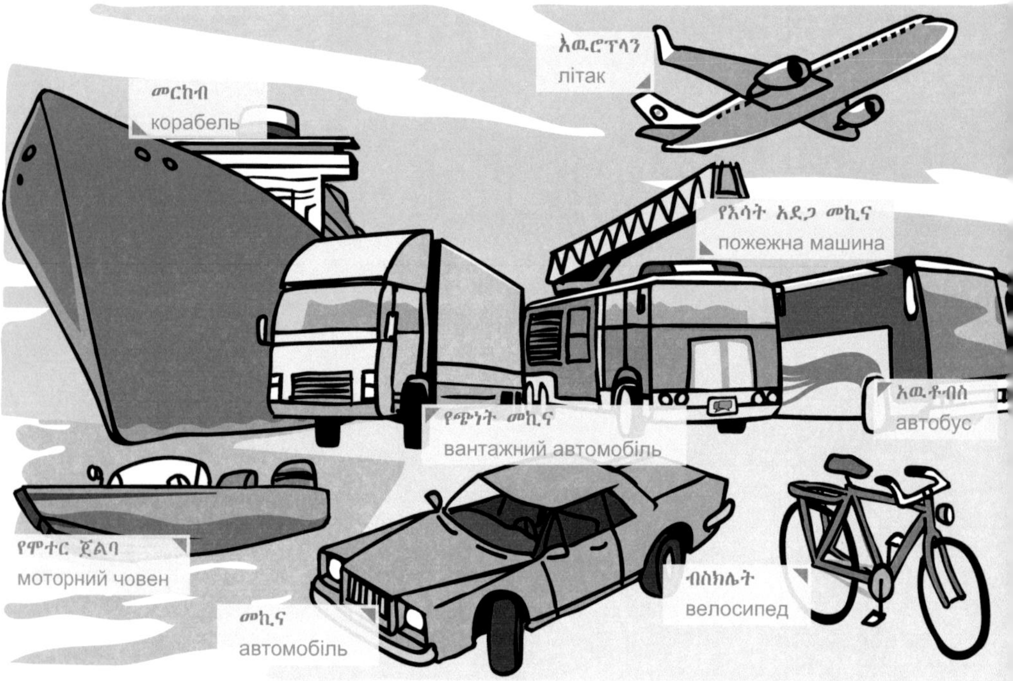

አዉሮፕላን
літак
መርከብ
корабель
የእሳት አደጋ መኪና
пожежна машина
የጭነት መኪና
вантажний автомобіль
አዉቶብስ
автобус
የሞተር ጀልባ
моторний човен
ብስክሌት
велосипед
መኪና
автомобіль

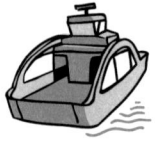

የማመላለሻ ጀልባ

пором

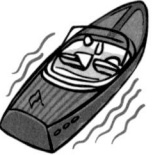

ጀልባ

човен

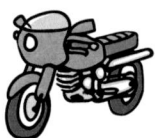

የሞተር ብስክሌት

мотоцикл

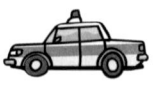

የፖሊስ መኪና

поліцейська машина

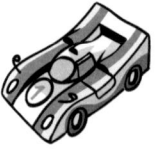

የዉድድር መኪና

гоночний автомобіль

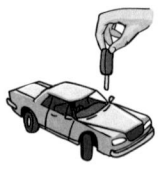

የኪራይ መኪና

автомобіль на прокат

የመኪና መጋራት

ільне користування авто

ጎታች መኪና

евакуатор

የቆሻሻ ጭነት መኪና

сміттєвоз

ሞተር

двигун

ነዳጅ

паливо

የቤንዚን ማደያ

автозаправна станція

የመንገድ ምልክት

дорожній знак

የመኪኖች እንቅስቃሴ

рух

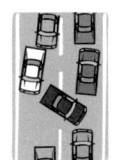

የመኪና መጨናነቅ

затор

የመኪና ማቆሚያ

стоянка

የባቡር ጣቢያ

вокзал

የባቡር ሀዲዶች

рейки

ባቡር

потяг

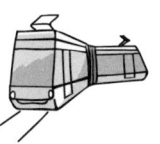

የኤሌክትሪክ ባቡር

трамвай

ሰረገላ

вагон

ሄሊኮፕተር

гелікоптер

አየር ማረፊያ

аеропорт

ማማ

вежа

መንገደኛ

пасажир

ማስቀመጫ፣ ማጠራቀሚያ

контейнер

ካርቶን እቃ ማሸጊያ

коробка

ጋሪ፣ ተሳቢ

візок

ቅርጫት

кошик

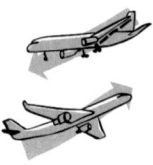

መነሳት/ ማረፍ

стартувати / приземлятися

መንደር

село

የከተማ ማዕከል

центр міста

ቤት

дім

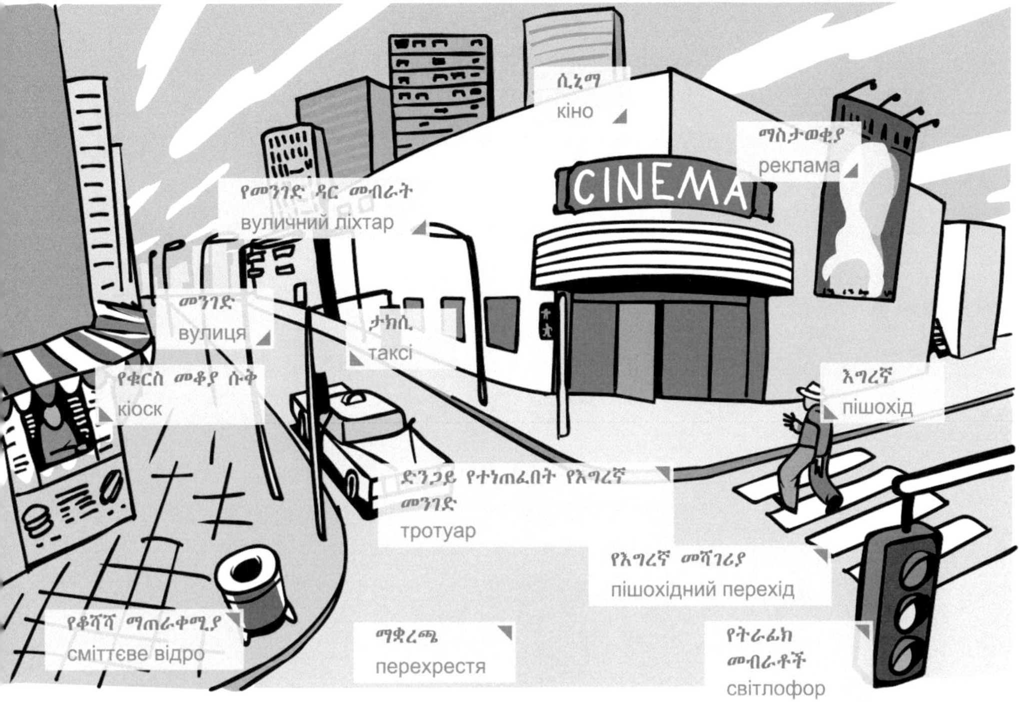

CINEMA
ሲኒማ
кіно
ማስታወቂያ
реклама
የመንገድ ዳር መብራት
вуличний ліхтар
መንገድ
вулиця
ታክሲ
таксі
የቁርስ መቆያ ሱቅ
кіоск
እግረኛ
пішохід
ድንጋይ የተነጠፈበት የእግረኛ መንገድ
тротуар
የእግረኛ መሻገሪያ
пішохідний перехід
የቆሻሻ ማጠራቀሚያ
сміттєве відро
ማቋረጫ
перехрестя
የትራፊክ መብራቶች
світлофор

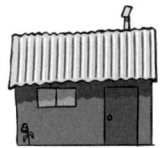

ጎጆ

хатина

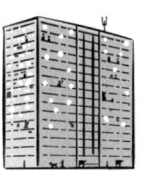

አፓርታማ

квартира

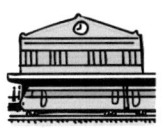

የባቡር ጣቢያ

вокзал

የከተማ አዳራሽ

ратуша

MUSEUM

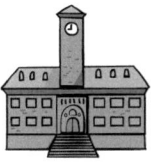

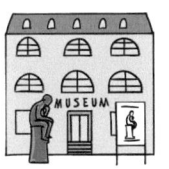

ቤተ መዘክር

музей

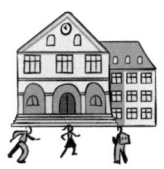

ትምህርት ቤት

школа

ዩኒቨርስቲ

університет

ባንክ

банк

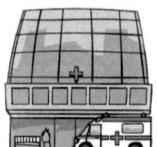

ሆስፒታል

лікарня

ሆቴል

готель

መድሃኒት ቤት

аптека

ቢሮ

офіс

መፅሐፍ መሸጫ

книжковий магазин

ሱቅ

магазин

የአበባ መሸጫ

квітковий магазин

የሸቀጣ ሸቀጥ መደብር

супермаркет

ገበያ ስፍራ

ринок

መደብር

універмаг

የዓሳ ነጋዴ

торговець рибою

የገበያ ማዕከላ

торговельний центр

ወደብ

гавань

መናፈሻ ቦታ

парк

አግዳሚ ወንበር

лава

ድልድይ

міст

ደረጃዎች

сходи

ዉስጥ ለዉስጥ

метро

ዋሻ

тунель

የአዉቶቡስ ፌርማታ

автобусна зупинка

ባር

бар

ምግብ ቤት

ресторан

የፖስታ ሳጥን

поштова скринька

የመንገድ ምልክት

вулична табличка

የመኪና ማቆሚያ ሒሳብ የሚያሰላ ማሽን

лічильник паркування

የደር እንስሳት ማቆያ

зоопарк

የመዋኛ ገንዳ

басейн

መስጊድ

мечеть

አርሻ

ферма

የሚበክል ነገር

забруднення навколишнього середовища

መቃብር ስፍራ

кладовище

ቤተ ክርስቲያን

церква

መጫወቻ ሜዳ

дитячий майданчик

ቤተ መቅደስ

храм

መልከዓምድር

ландшафт

ቅጠል
листок

የመንገድ ላይ ምልክት
вказівний стовп

መንገድ
шлях

አረንጓዴ መስክ
луг

ድንጋይ
камінь

ዛፍ
дерево

በእግሩ የሚንዝ
мандрівник

ወንዝ
річка

ሳር
трава

አበባ
квітка

ሸለቆ

долина

ኮረብታ

гора

ሀይቅ

озеро

ጫካ

ліс

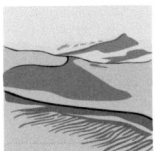

በረሃ

пустеля

እሳተ ገሞራ

вулкан

ግምብ

замок

ቀስተ ዳመና

веселка

እንጉዳይ

гриб

የቴምብር ዛፍ/ ዘንባባ

пальма

ቢንቢ/ የወባ ትንኝ

комар

በራሪ

муха

ጉንዳን

мурашка

ንብ

бджола

ሸረሪት

павук

ጢንዚዛ

жук

እንቁራሪት

жаба

ሽኮኮ

вивірка

ጃርት

їжак

ጥንቸል

заєць

ጉጉት ወፍ

сова

ወፍ

птах

የዉሃ ዳክዬ

лебідь

ከርከሮ

кабан

አጋዘን

олень

አጋዘን

лось

ግድብ

гребля

በነፋስ የሚሽከረከር

вітряк

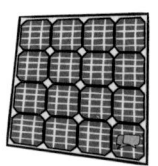

የፀሀይ ፓኔሎ

сонячний модуль

አየር ንብረት

клімат

መልከዓምድር - ландшафт

ምግብ ቤት

ресторан

አስተናጋጅ
офіціант
ማዉጫ
меню
ወንበር
стілець
ሾርባ
суп
ፒዛ
піца
መክተፊያ
столові прилади
የጠረጴዛ ጨርቅ
скатертина

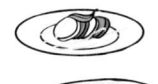

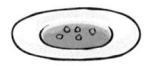

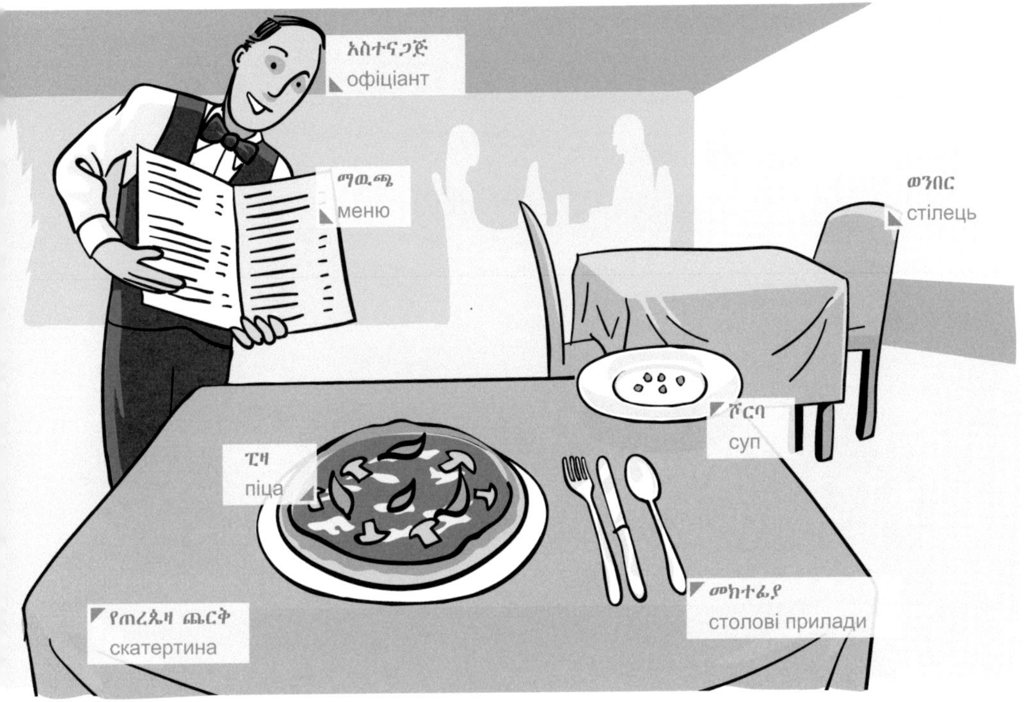

የምግብ ፍላጎትን የሚከፍት ምግብ

закуска

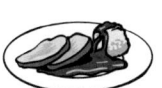

ዋና ምግብ

друга страва

ማጣጣሚያ ተከታይ ምግብ

десерт

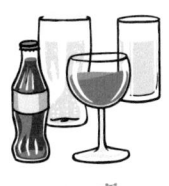

መጠጦች

напої

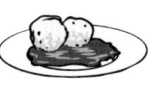

ምግብ

їжа

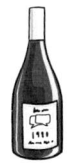

ጠርሙስ

пляшка

ፈጣን ምግብ

фаст-фуд

የመንገድ ምግብ

вулична їжа

የሻይ ማንቆርቆሪያ

чайник

የስኳር እቃ

цукорниця

ድርሻ

порція

የቡና ማፍያ ማሽን

еспресо-машина

ባለጌ ወንበር

високий стільчик

የክፍያ ደረሰኝ

рахунок

ትሪ

піднос

ቢላዋ

ніж

ሹካ

вилка

ማንኪያ

ложка

የሻይ ማንኪያ

чайна ложка

ልብስ ምግብ እንዳይነካ የሚረዳ ጨርቅ

серветка

ብርጭቆ

склянка

ዝርግ ሰሀን

тарілка

የሾርባ ጎድጓዳ ሰሀን

тарілка для супу

የስኒ ማስቀመጫ

блюдце

ማጣፈጫ ስጎ

соус

የጨዉ እቃ

солонка

የተፈጨ ቃሪያ

млин для перцю

ኮምጣጤ

оцет

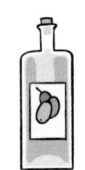

የምግብ ዘይት

масло

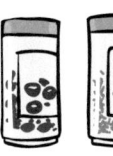

ቀመማ ቅመሞች

спеції

የቲማቲም ድልህ

кетчуп

ሰናፍጭ

гірчиця

ማዮኔዝ

майонез

የሸቀጣ ሸቀጥ መደብር

супермаркет

ልዩ አቅራቦት
пропозиція
FOR
ደምበኛ
клієнт
የወተት ተዋፅዖ
молочні продукти
ፍራፍሬ
фрукти
ባለ ጎማ የእጅ ጋሪ
візок для покупок

BUTCHERS

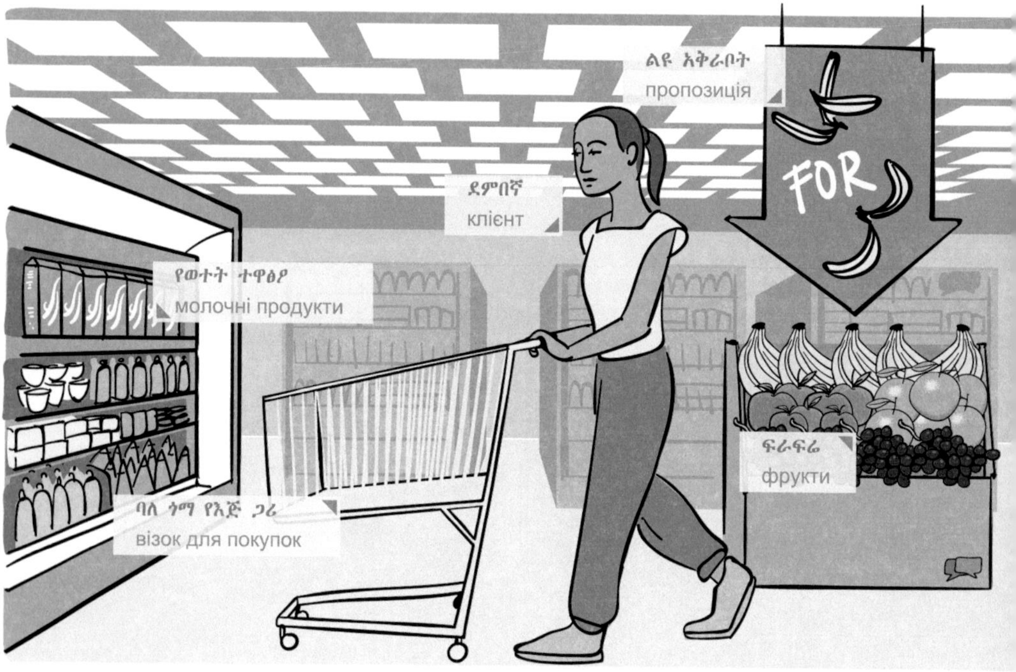

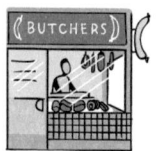

ሉካንዳ ነጋዴ

м'ясний магазин

BAKERY

መጋገርያ

пекарня

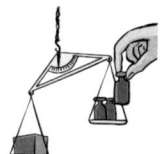

ክብደት መመዘን

зважувати

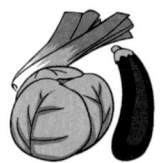

ቅጠላ ቅጠል አትክልት

овочі

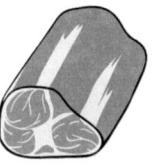

ስጋ

м'ясо

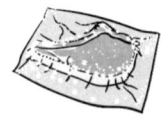

የቀዘቀዘ/የረጋ ምግብ

заморожені продукти

ቀዝቃዛ ቁራጭ

ковбасна нарізка

የታሸገ ምግብ

консерви

የማጠቢያ ዱቄት

пральний порошок

ጣፋጮች

солодощі

የቤት ዉስጥ ዉጤቶች

предмети домашнього побуту

የፅዳት ምርቶች

мийний засіб

የሽያጭ ባለሙያ

продавщиця

የገንዘብ መመዝበ‍ያ ማሽን

каса

የሒሳብ ሰራተኛ

касир

የግዢ ዝርዝር

список покупок

ክፍት ሰዓታት

часи роботи

የኪስ ቦርሳ

гаманець

ክሬዲት ካርድ

кредитна картка

ቦርሳ

сумка

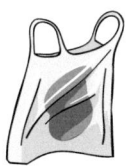

የፕላስቲክ ቦርሳ

поліетиленовий пакет

ዉሃ

вода

ጭማቂ

сік

ወተት

молоко

ኮካ-ኮላ

кола

ወይን

вино

ቢራ

пиво

አልኮል

алкоголь

ኮካ

какао

ሻይ

чай

ቡና

кава

የተፈላ ቡና

еспресо

ካፑቺኖ

капучіно

ሙዝ

банан

ፖም

яблуко

ብርቱካን

апельсин

ሀብሀብ

кавун

ሎሚ

лимон

ካሮት

морква

ነጭ ሽንኩርት

часник

ሽምበቆ

бамбук

ቀይ ሽንኩርት

цибуля

እንጉዳይ

гриб

ለዉዝ

горішки

የህፃናት ምግብ

локшина

ፓስታ

спагеті

ሩዝ

рис

ሰላጣ

салат

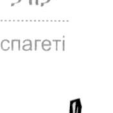

የድንች ጥብስ

картопля фрі

ድንች ጥብስ

смажена картопля

ፒዛ

піца

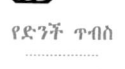

ዳቦ ዉስጥ በስሱ ተጠብሶ የገባ
ስጋ
гамбургер

ሳንድዊች

бутерброд

ጥሬ ስጋ

шніцель

የአሳማ ስጋ

шинка

በቅመምና በጨዉ የታሸ ምግብ
ቀዝቅዞ የሚበላ ሾርባ ምግብ

салямі

ቋሊማ

ковбаса

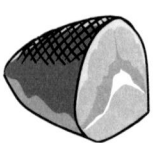

ዶሮ

курка

ጥብስ

печеня

አሳ

риба

የአጃ ገንፎ

вівсяні пластівці

ከወተት ጋር ተደባልቀዉ የሚበሉ
ምግቦች
мюслі

የበቆሎ ቅርፊት

кукурудзяні пластівці

ዱቄት

борошно

ኩራሳ

круасан

ድብልብል ዳቦ

булочка

ዳቦ

хліб

መጥበስ

тостовий хліб

ብስኩት

печиво

ቅቤ

масло

እርጎ

сир

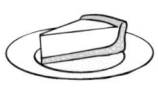

ኬክ

пиріг

እንቁላል

яйце

እንቁላል ጥብስ

яєчня

አይብ

сир

ምግብ - їжа

25

የበረዶ ክሬም

морозиво

ስኳር

цукор

ማር

мед

ማርማላት

мармелад

የተናጠ የወተት ክሬም

нуга-крем

ማጣፈጫ

карі

እርሻ

ферма

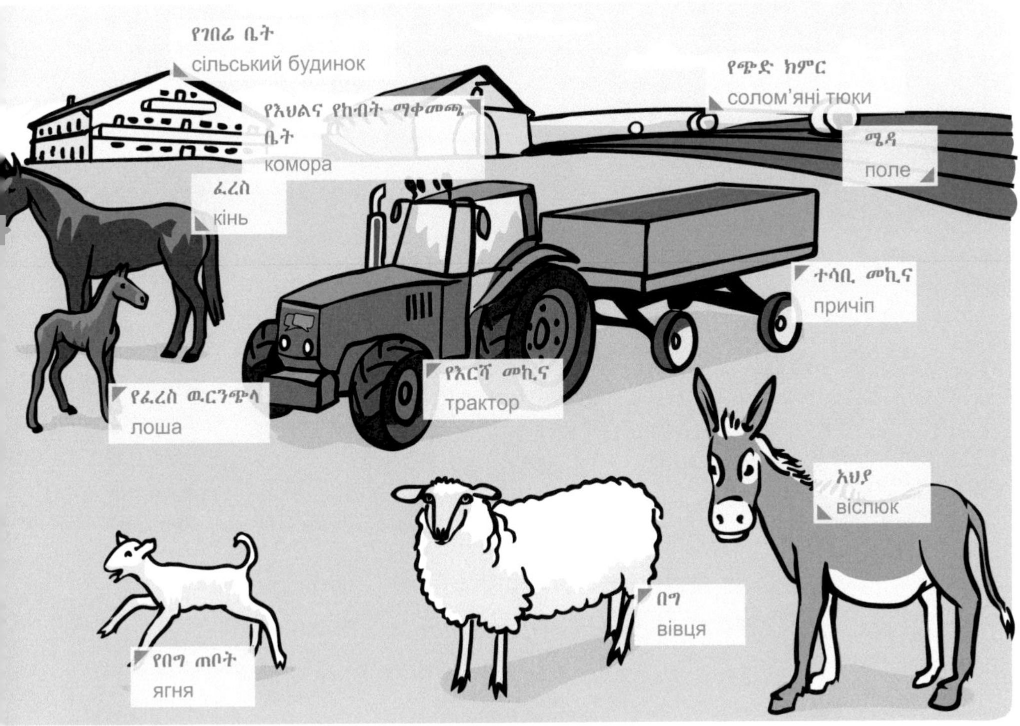

የገበሬ ቤት
сільський будинок
የጭድ ክምር
солом'яні тюки
የእህልና የከብት ማቀመጫ ቤት
комора
ሜዳ
поле
ፈረስ
кінь
ተሳቢ መኪና
причіп
የእርሻ መኪና
трактор
የፈረስ ዉርንጭላ
лоша
አህያ
віслюк
በግ
вівця
የበግ ጠቦት
ягня

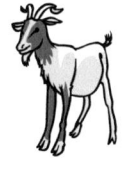

ፍየል

коза

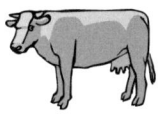

ላም

корова

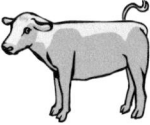

ጥጃ

теля

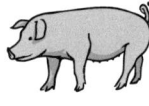

አሳማ

свиня

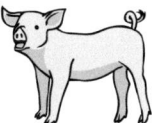

ግልገል አሳማ

порося

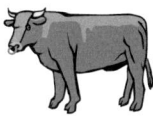

ኮርማ

бик

ዝይ

гусак

ዳክዬ

качка

የዶሮ ጫጩት

курча

ዶሮ

курка

አዉራ ዶሮ

півень

አይጥ

щур

ደድመት

кіт

አይጥ

миша

በሬ

віл

ዉሻ

собака

የዉሻ ቤት

собача будка

የአትክልት ቦታ

садовий шланг

ዉሃ ማጠጫ ባልዲ

лійка

ረጅም ማጭድ

коса

ማረሻ

плуг

ማጭድ

серп

መኰትኰቻ

мотика

የእህል መንሽ

вила

መጥረቢያ

сокира

ኰርኰር/ የእጅ ጋሪ

тачка

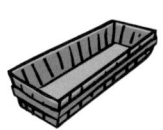

ገንዳ

корито

የወተት ዕቃ

бідон молока

ጆንያ ከረጢት

мішок

አጥር

паркан

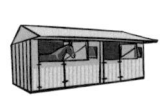

የፈረስ ጋጣ

хлів

ዕፅዋት ማሳደጊያ የመስታዉት ቤት

теплиця

አፈር

ґрунт

ዘር

насіння

የመሬት ማዳበሪያ

добриво

ጥምር ማረሻ

комбайн

አዝመራ መሰብሰብ

пожинати

አዝመራ

урожай

ድንች

корінь ямсу

ስንዴ

пшениця

ሶያ

соя

ድንች

картопля

በቆሎ

кукурудза

የከብት መኖ

ріпак

የፍሬ ዛፍ

плодове дерево

የካሳቫ ዛፍ

маніок

እህል

злаки

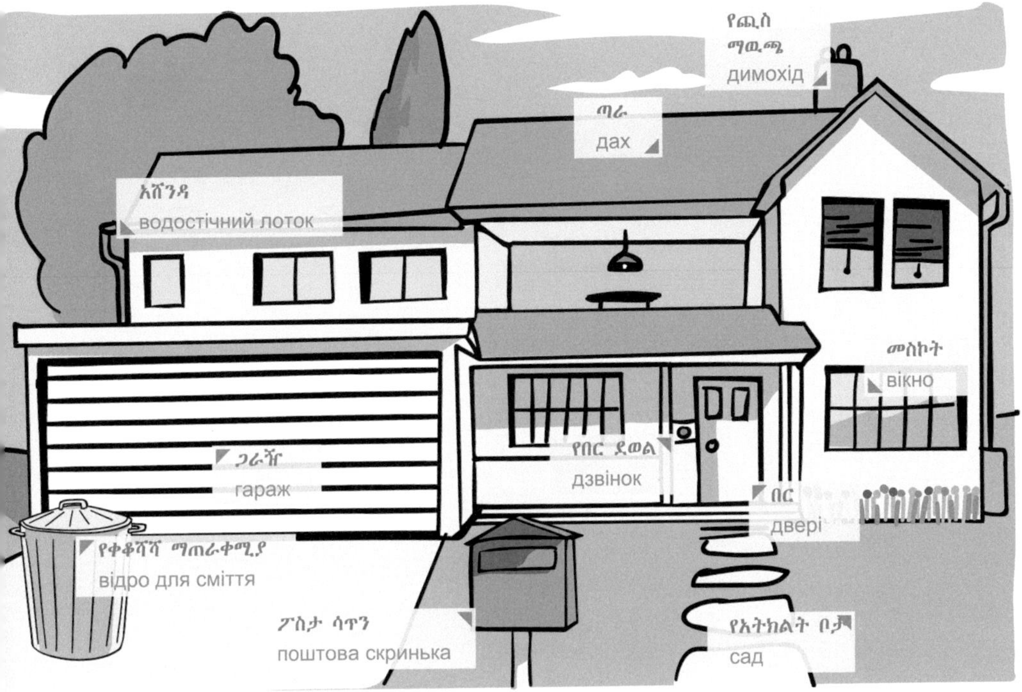

የጪስ ማዉጫ
димохід

ጣራ
дах

አሽንዳ
водостічний лоток

መስኮት
вікно

ጋራዥ
гараж

የበር ደወል
дзвінок

በር
двері

የቀቆሻሻ ማጠራቀሚያ
відро для сміття

ፖስታ ሳጥን
поштова скринька

የአትክልት ቦታ
сад

ሳሎን

вітальня

መታጠቢያ ቤት

ванна кімната

ማድቤት

кухня

መኝታ ቤት

спальня

የልጅ ክፍል

дитяча кімната

መመገቢያ ክፍል

їдальня

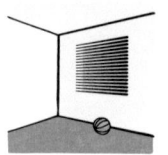

ወለል

підлога

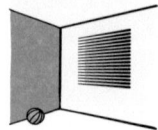

ግድግዳ

стіна

ጣሪያ

стеля

ምድር ቤት

підвал

በእንፋሎት ሙቀት መታጠቢያ ቤት

сауна

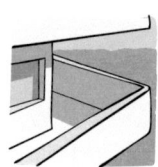

ሰገነት

балкон

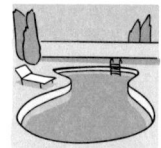

ከፍ ያለ መደብ

тераса

የመዋኛ ገንዳ

басейн

የማጨጃ መኪና

косарка

አንሶላ

простирало

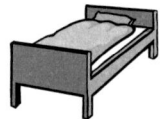

የአልጋ ልብስ

ковдра

አልጋ

ліжко

መጥረጊያ

мітла

ባልዲ

відро

ማብሪያና ማጥፊያ

перемикач

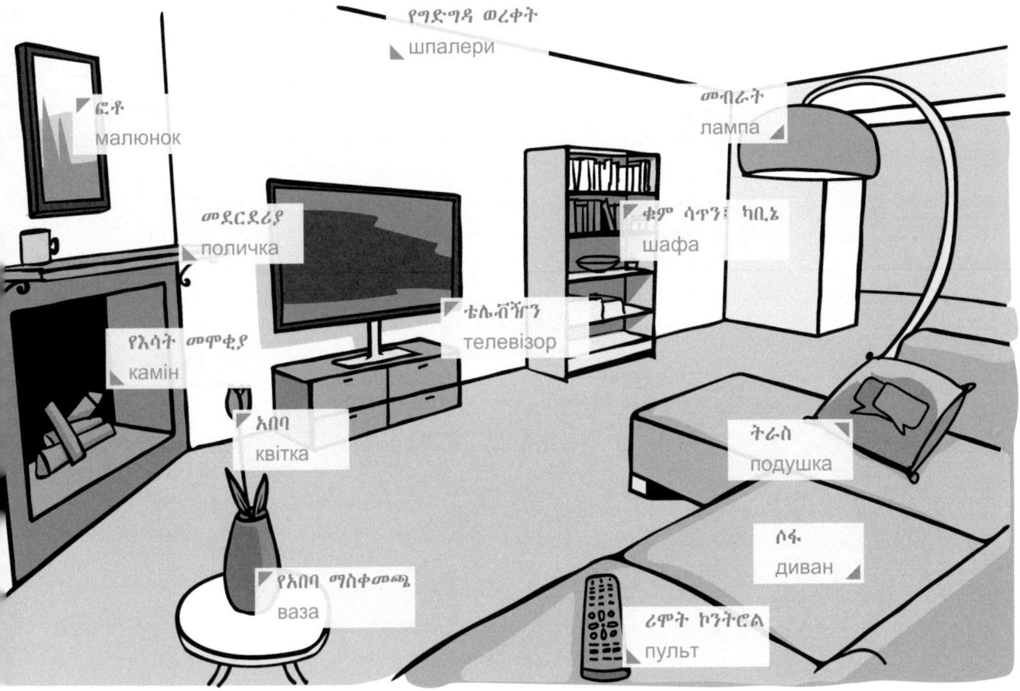

የግድግዳ ወረቀት
шпалери

ፎቶ
малюнок

መብራት
лампа

መደርደሪያ
поличка

ቁም ሳጥን፣ ካቢኔ
шафа

ቴሌቪዥን
телевізор

የእሳት መሞቂያ
камін

አበባ
квітка

ትራስ
подушка

ሶፋ
диван

የአበባ ማስቀመጫ
ваза

ሪሞት ኮንትሮል
пульт

ንጣፍ

килим

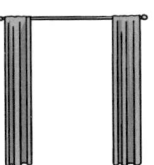

መጋረጃ

завіса

ጠረጴዛ

стіл

ወንበር

стілець

ተወዛዋዥ ወንበር

крісло-гойдалка

ባለመደገፊያ ወንበር

крісло

መጽሐፍ

книга

ብርድ ልብስ

ковдра

ጌጥ

прикраса

ማገዶ

дрова

ፊልም

фільм

የሙዚቃ መጫወቻ

стереосистема

ቁልፍ

ключ

ጋዜጣ

газета

ስዕል

картина

የተለጠፈ ማስታወቂያ እንደ ስዕል

плакат

ራዲዮ

радіо

ማስታወሻ ደብተር

блокнот

የአየር ማስጌጃ ለምንጣፍ

пилосос

ቁልቋል

кактус

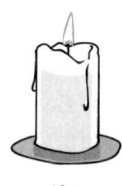

ሻማ

свічка

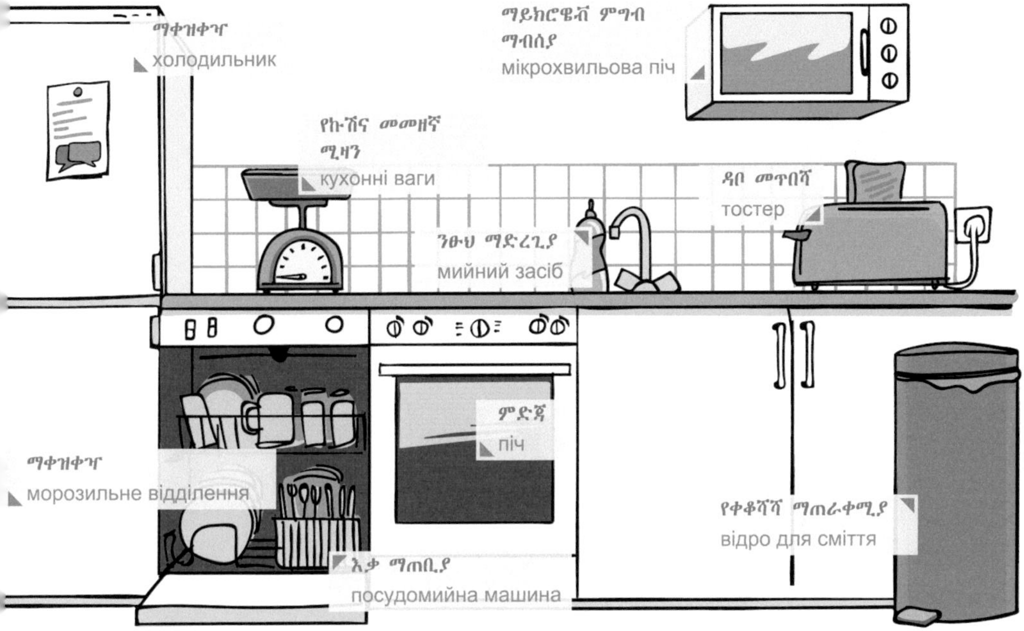

ማቀዝቀዣ
холодильник

ማይክሮዌቭ ምግብ ማብሰያ
мікрохвильова піч

የኩሽና መመዘኛ ሚዛን
кухонні ваги

ዳቦ መጥበሻ
тостер

ንፁህ ማድረጊያ
мийний засіб

ማቀዝቀዣ
морозильне відділення

ምድጃ
піч

የቀቆሻሻ ማጠራቀሚያ
відро для сміття

እቃ ማጠቢያ
посудомийна машина

ምግብ አብሳይ

плита

ማሰሮ

горщик

የብረት ማሰሮ

чавунний горщик

ምግብ ማብሰያ ዝርግ ድስት

вок / кадай

የምግብ መጥበሻ

сковорода

ማንቆርቆሪያ

чайник

የእንፋሎት ማብሰያ

пароварка

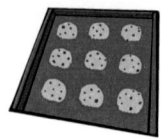

የመጋገሪያ ትሪ

лист

ሰብሰቦች

посуд

ትልቅ ኩባያ

кухоль

ጎድጓዳ ሳህን

чаша

ቾፕስቲክስ

палички для їжі

ጭልፋ

черпак

መሰቅሰቂያ ዝርግ ማንኪያ

лопатка

ማደባለቂያ

вінчик для збивання

መወጠሪያ

сито

ወንፊት

сито

መፈርፈሪያ መሳሪያ

терка

ሲሚንቶ

ступка

የፍም ጥብስ

барбекю

የተለቀቀ እሳት

багаття

መከተፊያ

дошка

ተንሸራታች መርፈ

качалка

የጠርሙስ መክፈቻ

штопор

ጣሳ

конзерва

የጣሳ መክፈቻ

відкривачка

የማሰሮ መሸፈኛ

прихватки

ሳህን ማጠቢያ

раковина

ብሩሽ

щітка

ስፖንጅ

губка

መደባለቂያ መሳሪያ

міксер

በጣም ማቀዝቀዣ

морозильна камера

ጡጦ

дитяча пляшка

ቧንቧ

кран

መታጠቢያ ቤት

ванна кімната

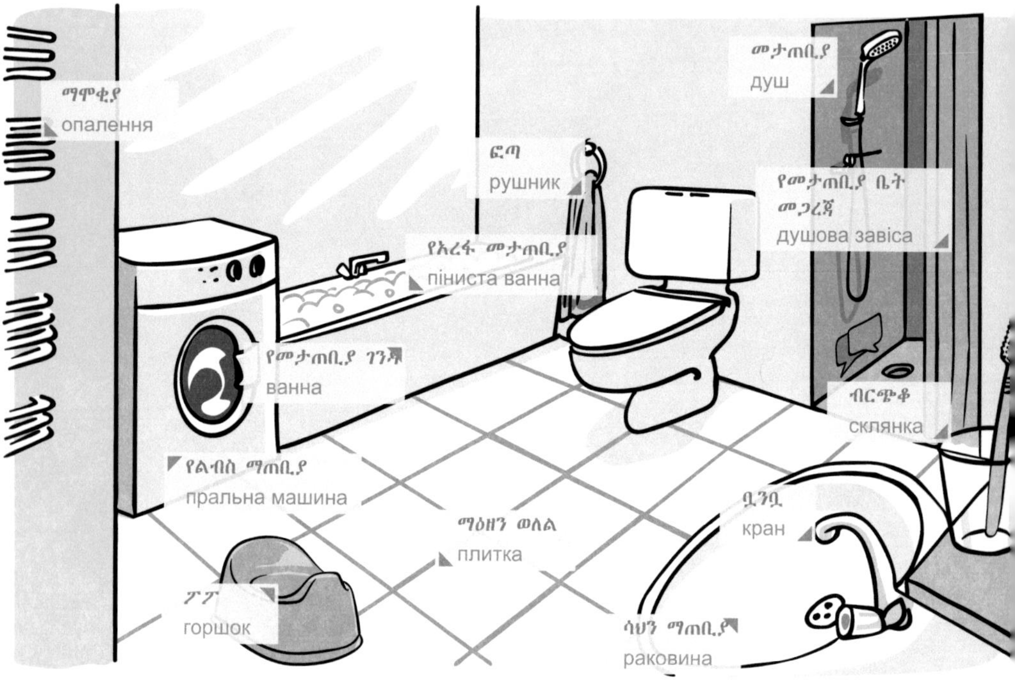
ማሞቂያ
опалення
ፎጣ
рушник
መታጠቢያ
душ
የመታጠቢያ ቤት መጋረጃ
душова завіса
የአረፋ መታጠቢያ
пініста ванна
የመታጠቢያ ገንዳ
ванна
ብርጭቆ
склянка
የልብስ ማጠቢያ
пральна машина
ቧንቧ
кран
ማዕዘን ወለል
плитка
ፖፖ
горшок
ሳህን ማጠቢያ
раковина

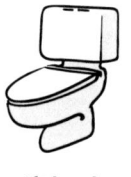

ሽንት ቤት

туалет

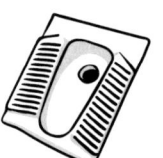

የሽንት ቤት መቀመጫ

підлоговий туалет

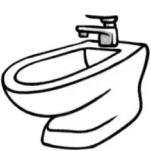

ሳፋ

біде

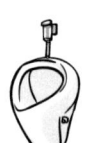

የመንገድ ዳር መሽኛ

пісуар

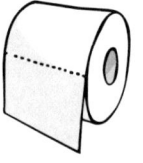

የሽንት ቤት ወረቀት

туалетний папір

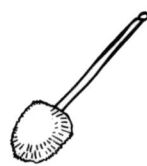

የሽንት ቤት ማፅጃ ብሩሽ

щітка для туалету

የጥርስ ብሩሽ

зубна щітка

የጥርስ ሳሙና

зубна паста

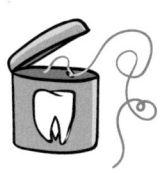

የጥርስ ማፅጃ ክር

нитка для чищення зубів

መታጠብ

мити

የእጅ መታጠቢያ

ручний душ

መታጠቢያ

інтимний душ

ጎድንዳ ሳህን

таз

የጀርባ ብሩሽ

щітка для спини

ሳሙና

мило

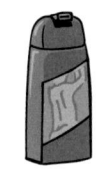

መታጠቢያ የሚዝለገለግ ሳሙና

гель для душу

የፀጉር መታጠቢያ ሳሙና

шампунь

ለስላሳ ጨርቅ

мочалка

ፍሳሽ

водостік

ክሬም

крем

ጠረን መቀየሪያ ንጥረ ነገር

дезодорант

መስታወት

дзеркало

የእጅ መስታወት

косметичне дзеркало

ምላጭ

бритва

የመላጫ አረፋ

піна для гоління

ከመላጨት በኋላ የሚቀባ ሽቱ

лосьйон після гоління

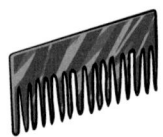

ማበጠሪያ

гребінь

ብሩሽ

щітка

የፀጉር ማድረቂያ

фен

በፀጉር ላይ የሚነፋ

лак для волосся

የፊት መቀባቢያ

косметика

የከንፈር ቀለም

губна помада

የጥፍር ቀለም

лак для нігтів

የጥጥ ሱፍ

вата

ጥፍር መቁረጫ

ножиці для нігтів

ሽቶ

парфум

ማጠቢያ ባልዲ

косметичка

መቀመጫ

табурет

ሚዛን

ваги

የመታጠቢያ ልብስ

халат

የላስቲክ ጓንት

гумові рукавички

ሞደስ

тампон

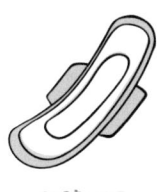

የዕዳት ፎጣ

гігієнічні прокладки

የሽንት ቤት ኬሚካል

біотуалет

የልጅ ክፍል

дитяча кімната

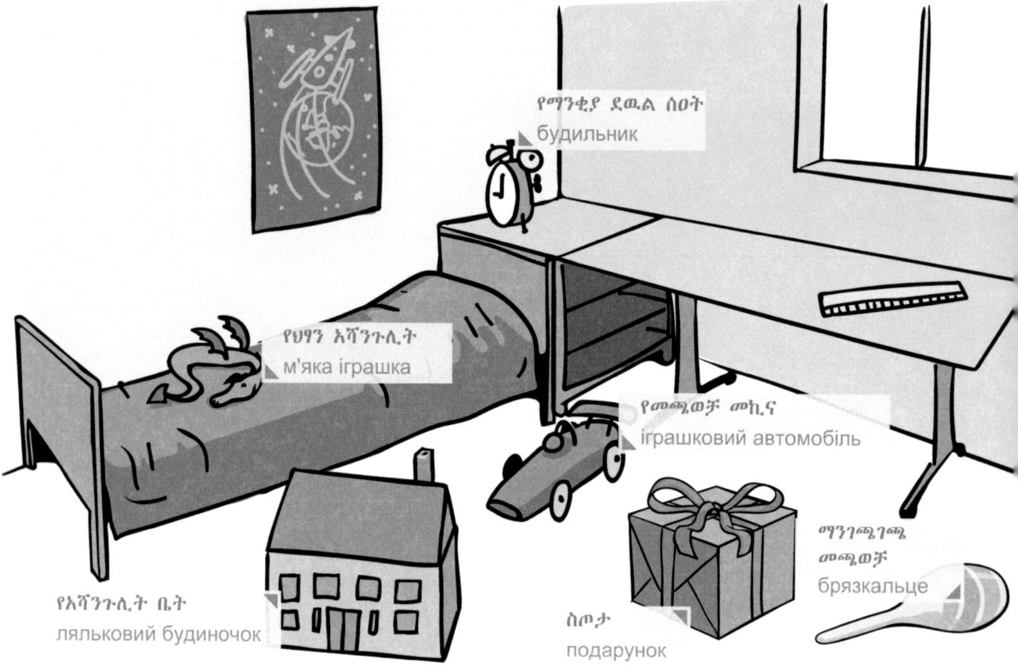

የማንቂያ ደዉል ሰዐት
будильник
የህፃን አሻንጉሊት
м'яка іграшка
የመጫወቻ መኪና
іграшковий автомобіль
ማንገጫገጫ
መጫወቻ
брязкальце
የአሻንጉሊት ቤት
ляльковий будиночок
ስጦታ
подарунок

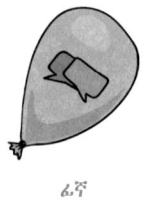

ፊኛ

повітряна кулька

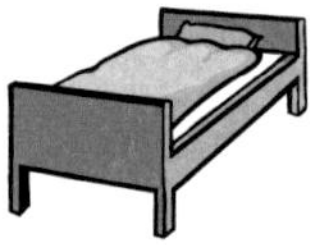

አልጋ

ліжко

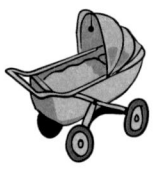

የህፃን ማንሸራሸሪያ ጋሪ

дитячий візок

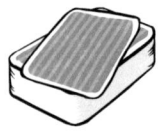

የካርታ መጫወቻ

картярська гра

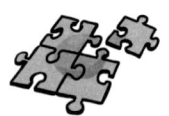

ቁርጥራጭ ምስሎችን የማገጣጠም
እና ምስል የማግኘት ጨዋታ

пазл

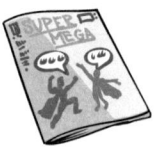

አዝናኝ

комікс

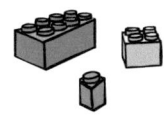

ተገጣጣሚ መጫወቻ

лего цеглинки

የመጫወቻ መገጣጠሚያዎች

блоки

የድርጊት ምስል

іграшкова фігурка

የህፃን እድገት

повзунки

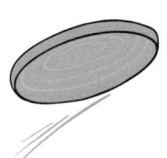

የፕላስቲክ መጫወቻ ዝርግ ሰሀን

фризбі

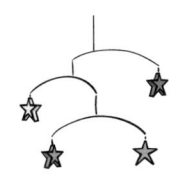

ተወዛዋዥ የህፃን ማጫወቻ

мобіле

የሰሌዳ ጨዋታ

настільна гра

የመጫወቻ ጠጠር

кубик

የመጫወቻ ባቡር

модель залізнична станція

የእንጀራ እናት ጡጦ

соска

ድግስ

вечірка

የስዕል መፅሀፍ

книжка з картинками

ኳስ

м'яч

አሻንጉሊት

лялька

መጫወት

грати

የአሸዋ መጫወቻ

pісочниця

ትዋዥዋ

гойдалка

መጫወቻዎች

іграшка

የቪዲዮ መጫወቻ

гральна консоль

ባለ ሶስት ጎማ ብስክሌት

триколісний велосипед

የአሻንጉሊት ድብ

плюшевий мішка

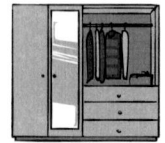

ቁምሳጥን

шафа

ካልሲዎች

шкарпетки

ስቶኪንጎች

панчохи

ታይት

колготки

የአንገት ልብስ
шарф

ግንጦላ
парасоля

ክናቴራ
футболка

ቀበቶ
ремінь

ቦቲ
чоботи

የቤት ዉስጥ ነጠላ ጫማ
домашнє взуття

ስኒከሮች
кросівки

ነጠላ ጫማዎች
сандалі

ጫማዎች
взуття

የገዝብ ቡትስ
гумові чоботи

ሙታንታ
труси

ጡት መያዣ
бюстгальтер

ስደርያ
нижня сорочка

ሰዉነት

боді

ሱሪዎች

штани

ጅንስ

джинси

ጉርድ ቀሚስ

спідниця

ሸሚዝ

блузка

ሸሚዝ

сорочка

የሚጠለቅ ሹራብ

пуловер

ሹራብ

светр

ዩኒፎርም ጃኬት

піджак

ጃኬት

куртка

ኮት

пальто

የዝናብ ኮት

дощовик

ልብስ

костюм

ቀሚስ

сукня

የሙሽራ ቀሚስ

весільна сукня

ሱፍ

костюм

የለሊት ልብስ

нічна сорочка

የለሊት ልብስ

піжама

ረጅም ቀሚስ

сарі

ሒጃብ

головна хустка

ጥምጣም

чалма

ቡርቃ

бурка

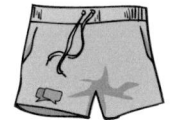

ሸርጥ

кафтан

አባያ

абая

የዋና ልብስ

купальник

አጭር ቁምጣ

плавки

ቁምጣዎች

шорти

የስራ ቱታ

тренувальний костюм

ሸርጥ

фартух

ጓንት

рукавички

ቁልፍ

гудзик

መነጽር

окуляри

አምባር

браслет

የአንገት ሀብል

ланцюг

ቀለበት

кільце

የጆሮ ጌጥ

сережка

ኮፍያ

шапка

የኮት መስቀያ

плічка

ኮፍያ

капелюх

ከረባት

краватка

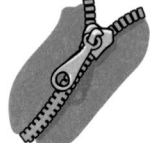

ዚፕ

застібка-блискавка

የብረት ቆብ

шолом

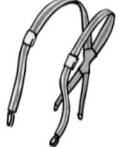

መደገፊያ

підтяжки

የትምህርት ቤት የደንብ ልብስ

шкільна форма

የደንብ ልብስ

уніформа

መሃረብ

нагрудник

የእንጀራ እናት ጡጦ

соска

ሸንት ጨርቅ

підгузок

ቢሮ

офіс

ማሰራጫ ጣቢያ
сервер

የፋይል መደርደሪያ ካቢኔ
шаф для документів

የህትመት መሳሪያ
принтер

መቆጣጠሪያ
монітор

ወረቀት
папір

መጻፊያ ጠረጴዛ
письмовий стіл

ማዊዝ
миша

ማህደር
папка

የመጻፊ ቁልፎች
синтезатор

የቆሻሻ ወረቀት መጣያ ቅርጫት
кошик для паперу

ኮምፒዉተር
комп'ютер

ወንበር
стілець

የቡና መጠጫ ትልቅ ኩባያ

кавовий кухоль

ማስሊያ ማሽን

калькулятор

ኢንተርኔት

інтернет

ላፕቶፕ

ноутбук

ደብዳቤ

лист

መልዕክት

повідомлення

ተንቀሳቃሽ ስልክ

мобільний телефон

የግንኙነት አዉታር

мережа

ማባዣ ማሽን

копіювальний пристрій

ሶፍትዌር

програмне забезпечення

ስልክ

телефон

የግድግዳ ሶኬት

розетка

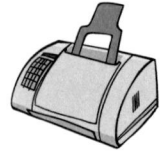

የፋክስ ማሽን

факс

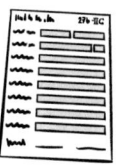

ቅፅ

бланк

ሰነድ

документ

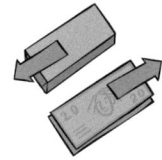

መግዛት

купувати

መክፈል

платити

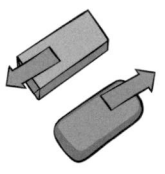

መነገድ

торгувати

ገንዘብ

гроші

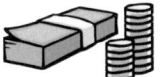

ዶላር

долар

ዩሮ

євро

የን

ієна

ሩብል

рубль

የስዊዝ ፍራንክ

франк

ሬንሚንቢ ዩዋን

юанів женьміньбі

ሩጲ

рупія

የገንዘብ ነጥብ

банкомат

የ፱ጮ ገንዘብ ምንዛሪ ቢሮ

обмінний пункт

ወርቅ

золото

ብር

срібло

ዘይት

нафта

ሀይል፣ ጉልበት

енергія

ዋጋ

ціна

ግንኙነት

контракт

ቀረጥ

податок

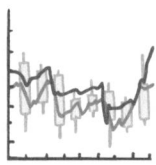

አክስዮን

акція

መስራት

працювати

ተቀጣሪ

працівник

ቀጣሪ

роботодавець

ፋብሪካ

фабрика

ሱቅ

магазин

የስራ ሙያዎች

професії

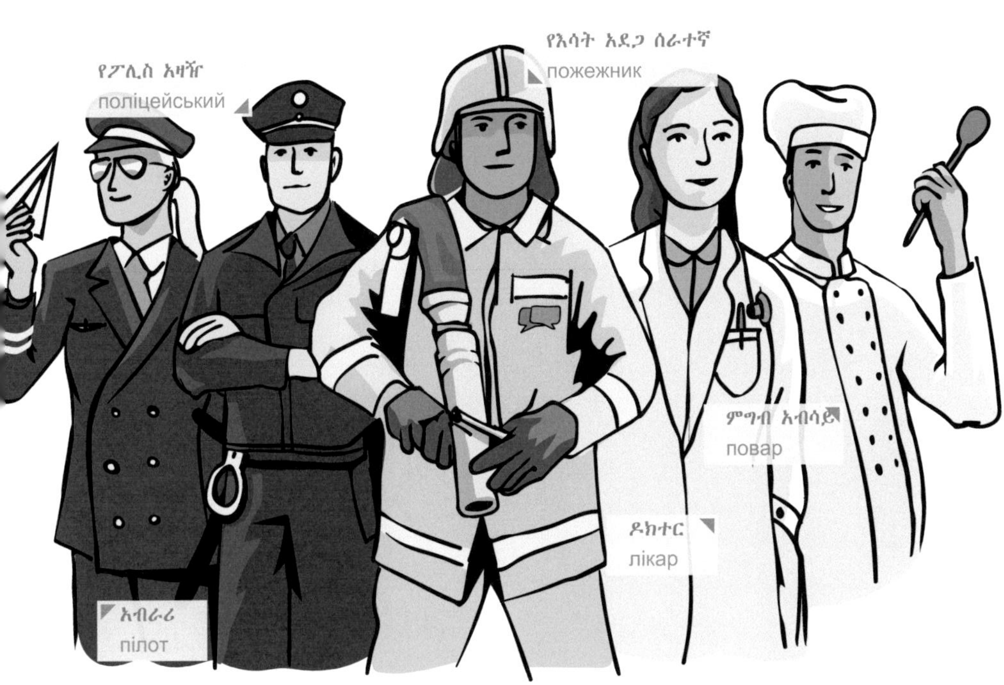

የፖሊስ አዛዥ
поліцейський
የእሳት አደጋ ሰራተኛ
пожежник
ምግብ አብሳይ
повар
ዶክተር
лікар
አብራሪ
пілот

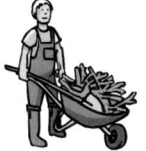

አትክልተኛ

садівник

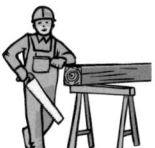

አናጢ

столяр

ልብስ ሰፊ ሴት

швачка

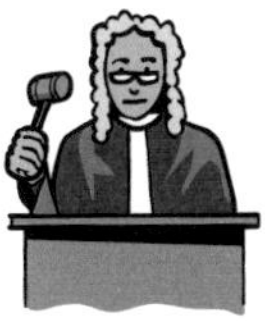

ዳኛ

суддя

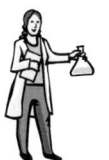

ቀማሚ

хімік

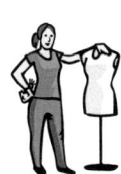

ተዋናይ

актор

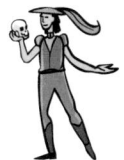

የአዉቶቢስ ሹፌር

водій автобуса

የታክሲ ሹፌር

таксист

አሳ አጥማጅ

рибалка

ፅዳት ሰራተኛ

прибиральниця

የጣራ ሰራተኛ

покрівельник

አስተናጋጅ

офіціант

አዳኝ

мисливець

ሰዓሊ

художник

ጋጋሪ

пекар

የኤሌትሪክ ሰራተኛ

електрик

ገምቢ

будівельник

መሃንዲስ

інженер

ልኳንዳ

забійник

የቢንቢ ሰራተኛ

бляхар

የፖስታ ሰራተኛ

листоноша

ወታደር

солдат

መሃንዲስ

архітектор

የሒሳብ ሰራተኛ

касир

አበባ ሻጭ

флорист

የፀጉር ሰራተኛ

перукар

ቲኬት ቆራጭ

кондуктор

መካኒክ

механік

ካፒቴን

капітан

የጥርስ ሐኪም

дантист

ተመራማሪ

вчений

መምህር

рабин

የሙስሊም ሃይማኖታዊ መሪ

імам

መነኩሴ

монах

ካህን

пастор

መሳሪያዎች

інструменти

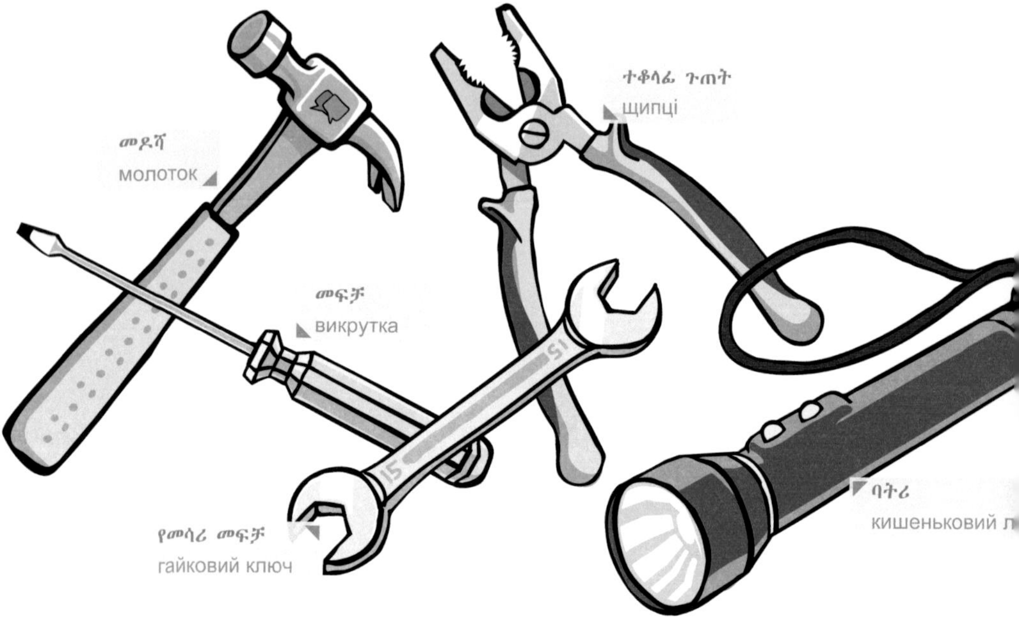
ተቆላፊ ጉጠት
щипці
መዶሻ
молоток
መፍቻ
викрутка
የመሳሪ መፍቻ
гайковий ключ
ባትሪ
кишеньковий л

በቁፋሮ የሚዝቅ

екскаватор

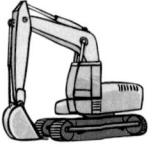

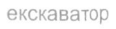

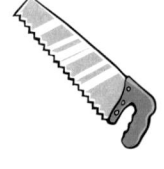

የመፍቻ ሳጥን

ящик для інструментів

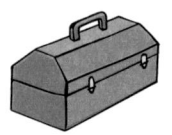

መሰላል

драбина

መጋዝ

пилка

ምስማር

цвяхи

መሰርሰሪያ

свердло

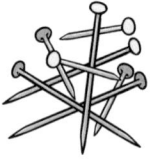

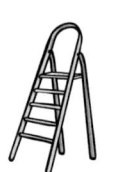

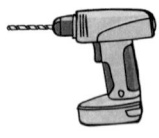

መጠገን

ремонтувати

አካፋ

лопата

የተረገመ!

лайно!

ቆሻሻ ማፈሻ

совок

የቀለም ቆርቆሮ

відро з фарбою

ብሎን

гвинти

የሙዚቃ መሳሪያዎች
музичні інструменти

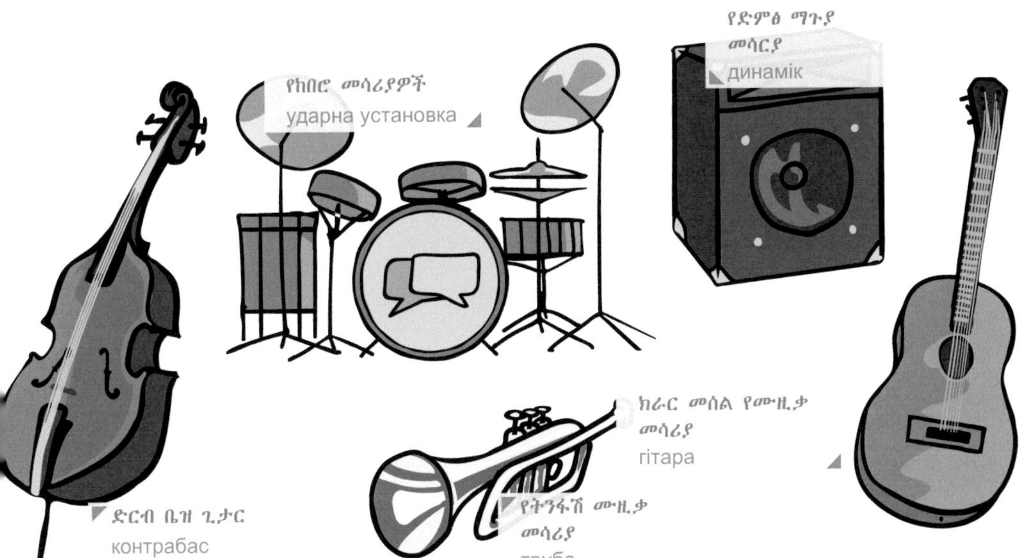

የከበሮ መሳሪያዎች
ударна установка

የድምፅ ማጉያ መሳርያ
динамік

ድርብ ቤዝ ጊታር
контрабас

የትንፋሽ ሙዚቃ መሳሪያ
труба

ክራር መሰል የሙዚቃ መሳሪያ
гітара

ፒያኖ

фортепіано

ቫዮሊን

скрипка

ወፍራም፤ ጎርናና ድምፅ ያለዉ ክራር መሰል ሙዚቃ መሳሪያ

бас

ነጋሪት

литаври

ከበሮ

барабан

በኤሌክትሪክ የሚሰራ ፒኖ

клавіатура

የትንፋሽ ሙዚቃ መሳሪያ

саксофон

ዋሽንት

флейта

የድምፅ ማጉያ

мікрофон

የደር እንስሳት ማቆያ

зоопарк

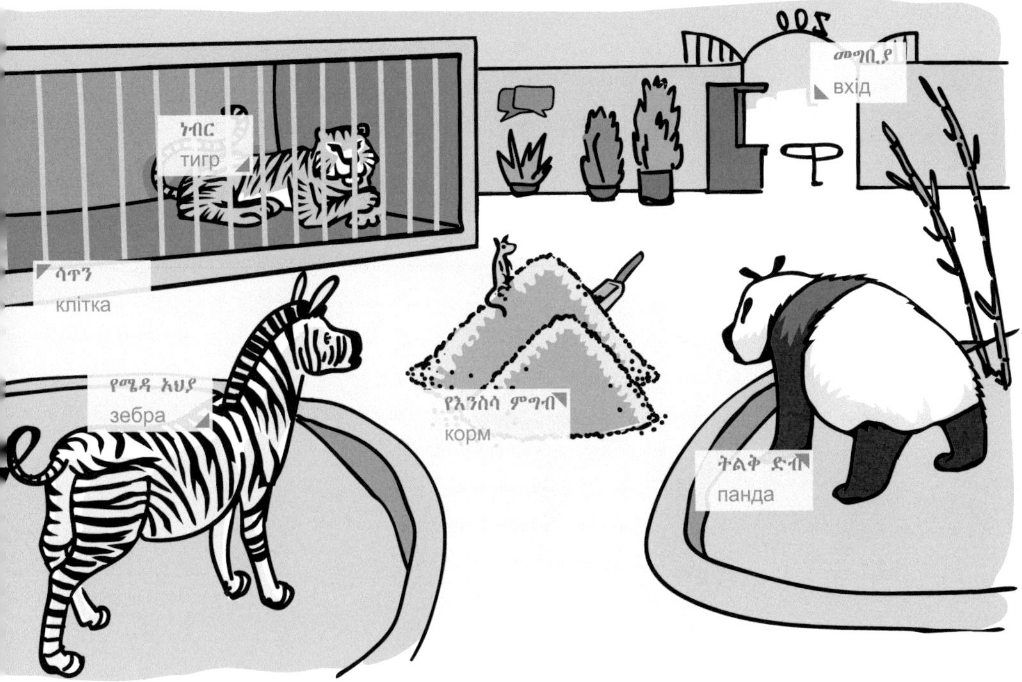
ነብር
тигр
መግቢያ
вхід
ሳጥን
клітка
የሜዳ አህያ
зебра
የእንስሳ ምግብ
корм
ትልቅ ድብ
панда

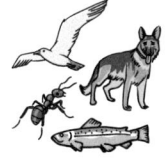

እንስሳቶች

тварини

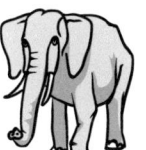

ዝሆን

слон

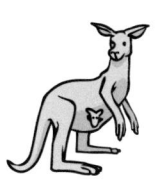

ካንጋሮ

кенгуру

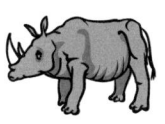

አዉራሪስ

носоріг

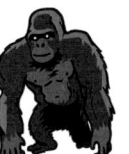

ትልቅ ዝንጀሮ

горила

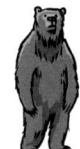

ድብ

ведмідь

ግመል

верблюд

ሰጎን

страус

አንበሳ

лев

ጦጣ

мавпа

ቅልጥም ረጃም ወፍ

фламінго

በቀቀን

папуга

የወዋልታ ድብ

білий ведмідь

የዋልታ ወፏች

пінгвін

ረጃም ጥርሶች ያሉትአሳ ነባሪ

акула

ጣዎስ

павич

እባብ

змія

አዞ

крокодил

የዱር አራዊት የሚጠበቁበት
ማቆያን የሚጠብቅ

працівник зоопарку

አሳ በሊታ የባህር እንስሳ

тюлень

የዱር ድመት

ягуар

ድንክ ፈረስ

поні

ነብር

леопард

ጉማሬ

гіпопотам

ቀጭኔ

жираф

ንስር

орел

ከርከሮ

кабан

አሳ

риба

የባህር ኤሊ.

черепаха

የባህር አሞራ

морж

ቀበሮ

лисиця

የሜዳ ፍየል ፤ ሚዳቋ

газель

የአሜሪካ እግርኳስ
американський футбол

የብስክሌት ስፖርት
їзда на велосипеді

ቴኒስ
теніс

የቅርጫት ኳስ
баскетбол

ዋና
плавання

የቡጢ ስፖርት
бокс

የበረዶ ላይ የገና ጨዋታ
хокей

እግር ኳስ
футбол

የላባ ኳስ ጨዋታ
бадмінтон

አትሌቲክስ
легка атлетика

የእጅ ኳስ ስፖርት
гандбол

የበረዶ መንሸራተት ስፖርት
лижні перегони

ፈረስ ግልቢያ
поло

መሳቅ — сміятися

መዝለል — стрибати

ማቀፍ — обіймати

መራመድ — йти

መዘመር — співати

ህልም ማለም — мріяти

መፀለይ — молитися

መሳም — цілувати

መፃፍ — писати

መሳል — малювати

ማሳየት — показувати

መጫፉት — тиснути

መስጠት — давати

መዉሰድ — брати

መያዝ

мати

ማድረግ

робити

መሆን

бути

መቆም

стояти

መሮጥ

бігати

መሳብ

тягнути

መወርወር

кидати

መውደቅ

падати

መዋሸት

лежати

መጠበቅ

очікувати

መሸከም

носити

መቀመጥ

сидіти

መልበስ

одягати

መተኛት

спати

መንቃት

просипатися

መመልከት

дивитися

ማለቅስ

плакати

መጫር

гладити

ማበጠር

розчісувати

ማወራት

розмовляти

መረዳት

розуміти

ጥያቄ

питати

ማዳመጥ

слухати

መጠጣት

пити

መብላት

їсти

ማንዳት

прибирати

ማፍቀር

любити

ምግብ ማብሰል

варити

መንዳት

їхати

መብረር

літати

መርከብ መንዳት

йти під вітрилом

ቁጥሮችን ማስላት

рахувати

ማንበብ

читати

መማር

вчитися

መስራት

працювати

ማግባት

одружуватися

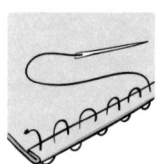

መስፋት

шити

ጥርስ መቦረሽ

чистити зуби

መግደል

убивати

ማጨስ

курити

መላክ

посилати

የሴት አያት
бабуся

ህፃን
немовля

እናት
мати

የወንድ አያት
дідуся

ሴት ልጅ
донька

ወንድ ልጅ
син

አባት
батько

እንግዳ
гість

አክስት
тітка

አጎት
дядько

ወንድም
брат

እህት
сестра

አካል

тіло

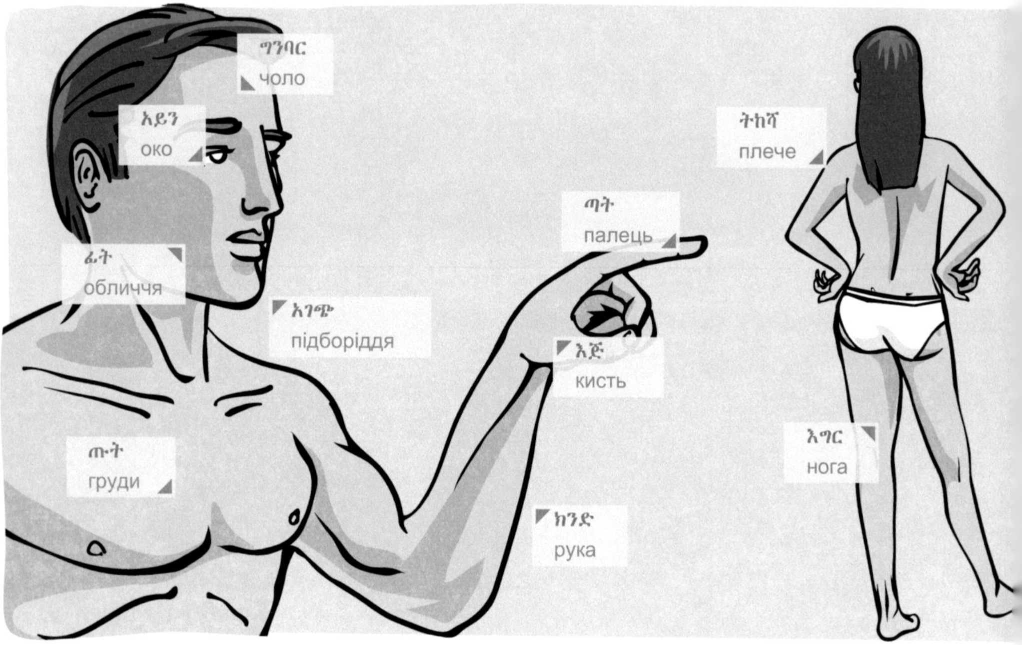
ግንባር
чоло
አይን
око
ትከሻ
плече
ጣት
палець
ፊት
обличчя
አገጭ
підборіддя
እጅ
кисть
ጡት
груди
እግር
нога
ክንድ
рука

ህፃን

немовля

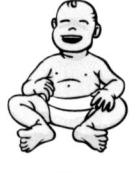

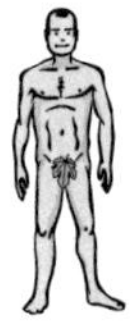

ሰዉ

чоловік

ሴት

жінка

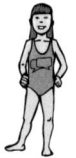

ልጃገረድ

дівчина

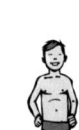

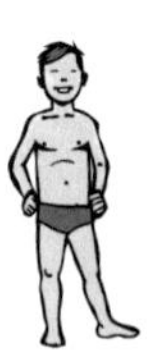

ወንድ ልጅ

хлопчик

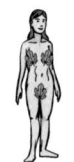

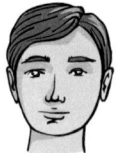

ራስ

голова

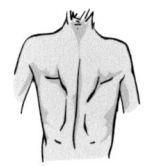

ጀርባ

спина

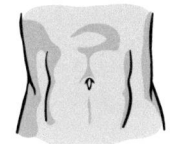

ሆድ

живіт

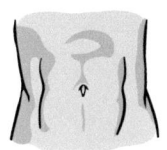

እምብርት

пуп

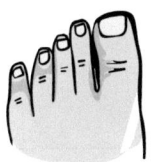

የእግር ጣት

палець ноги

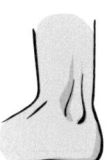

ተረከዝ

п'ята

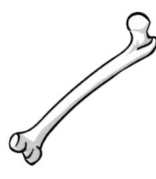

አጥንት

кістка

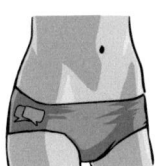

ዳሌ

стегно

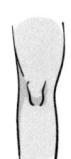

ጉልበት

коліно

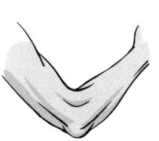

ክርን

лікоть

አፍንጫ

ніс

ቂጥ

сідниці

ቆዳ

шкіра

ጉንጭ

щока

ጆሮ

вухо

ከንፈር

губа

አካል - тіло

አፍ

рот

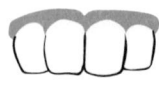

ጥርስ

зуб

ምላስ

язик

አንጎል

мозок

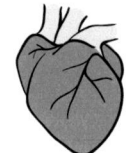

ልብ

серце

ጡንቻ

м'яз

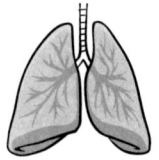

ሳምባ

легені

ጉበት

печінка

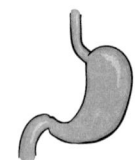

ሆድ

шлунок

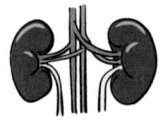

ኩላሊቶች

нирки

የግብረስጋ ግንኙነት

статевий акт

ኮንዶም

презерватив

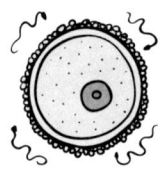

የሴት እንቁላል

яйцеклітина

የዘር ፈሳሽ

сперма

እርግዝና

вагітність

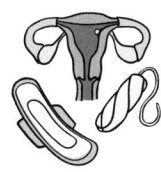

የወር አበባ
....
менструація

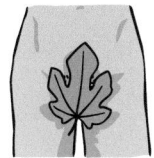

እምስ
....
вагіна

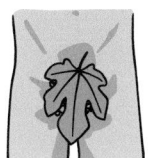

ቁላ
....
пеніс

ቅንድብ
....
брова

ፀጉር
....
волосся

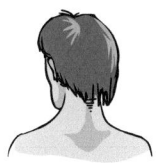

አንገት
....
шия

ሆስፒታል
лікарня

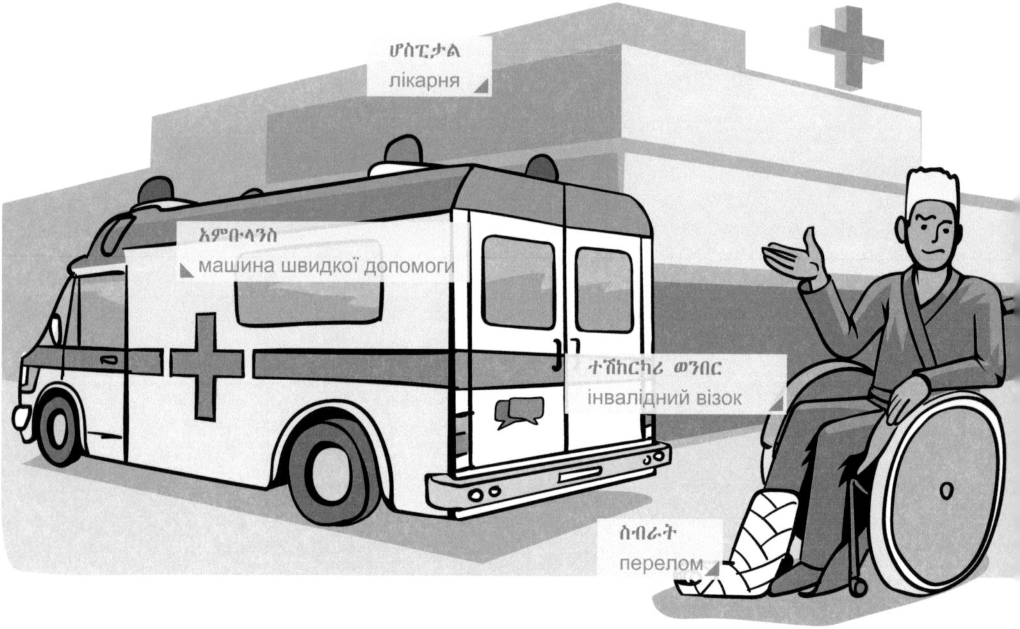

ሆስፒታል
лікарня
አምቡላንስ
машина швидкої допомоги
ተሽከርካሪ ወንበር
інвалідний візок
ስብራት
перелом

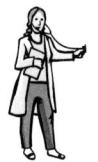

ዶክተር

лікар

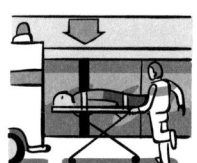

ድንገተኛ ክፍል

відділення швидкої медичної допомоги

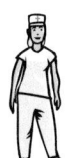

ነርስ

медсестра

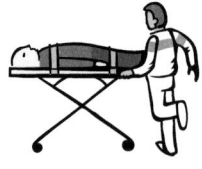

ድንገተኛ

аварійний випадок

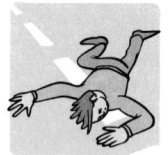

ራስን መሳት/ አለማወቅ

непритомний

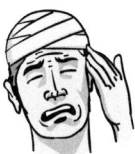

ህመም

біль

ጉዳት

травма

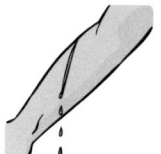

መድማት

кровотеча

የልብ ድካም

інфаркт

ስትሮክ

інсульт

አለርጂ

алергія

ሳል

кашель

ትኩሳት

лихоманка

ኢንፍሉዌንዛ

грип

ተቅማጥ

пронос

የራስ ምታት

головна біль

ካንሰር

рак

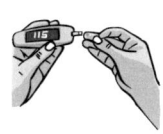

የስኳር በሽታ

діабет

ቀዶ ጠጋኝ ሐኪም

хірург

የቀዶ ጥገና ስለት

скальпель

ቀዶ ጥገና

операція

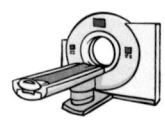

ሲቲ

КТ

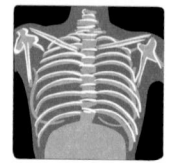

ኤክስሬዮ

рентген

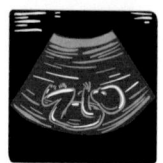

አልትራሳዉንድ

ультразвук

የፊት ጭምብል

маска

በሽታ

хвороба

መጠበቂያ ክፍል

зал очікування

ምርኩዝ

милиця

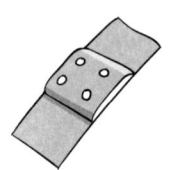

የቁስል ማሸጊያ

пластир

ፋሻ

пов'язка

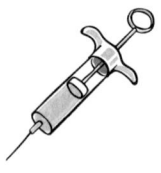

መርፌ

ін'єкція

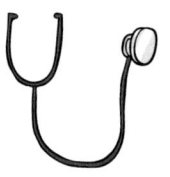

የልብ ምት ማዳመጫ መሳሪያ

стетоскоп

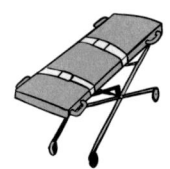

የበሽተኛ አልጋ

ноші

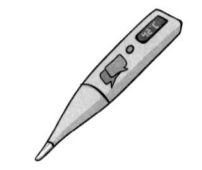

የህክምና ሙቀት መለኪያ መሳሪያ

термометр

መውለድ

народження

ከልክ ያለፈ ክብደት

надмірна вага

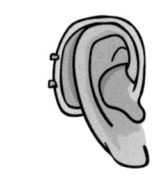

ለመስማት የሚረዳ መሳሪያ

слуховий апарат

ፀረ ተባይ መድሃኒት

дезінфікуючий засіб

ማመርቀዝ

інфекція

ቫይረስ

вірус

ኤች አይቪ ኤድስ

ВІЛ / СНІД

ህክምና

медицина

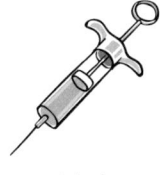

ክትባት

вакцинація

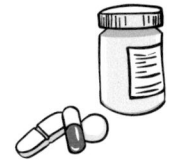

ኪኒን

таблетки

ኪኒን

протизаплідна пігулка

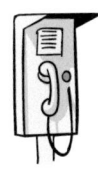

አስቸኳይ የስልክ ጥሪ

екстрений виклик

ደም ግፊት መቆጣጠሪያ

тонометр

ህመም/ ጤንነት

хворий / здоровий

እርዳታ!

Допоможіть!

ማንቂያ ደዋል

сигнал тривоги

ጥቃት

напад

ድብደባ

атака

አደጋ

небезпека

የድንገተኛ መዉጫ

аварійний вихід

እሳት!

Вогонь!

እሳት ማጥፊያ

вогнегасник

አደጋ

аварія

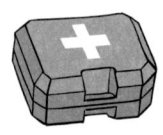

የመጀመሪያ እርዳታ መድሃኒት
መያዣ
аптечка

ነፍስ አድን

СОС

ፖሊስ

поліція

አዉሮፓ

Європа

ሰሜን አሜሪካ

Північна Америка

ደቡብ አሜሪካ

Південна Америка

አፍሪካ

Африка

እስያ

Азія

አዉስትራሊያ

Австралія

አትላንቲክ

Атлантика

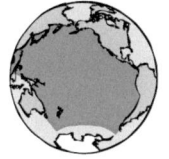

ፓስፊክ

Тихий океан

የህንድ ዉቅያኖስ

Індійський океан

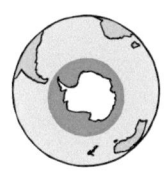

አንታርክቲክ ዉቅያኖስ

Антарктичний океан

አርክቲክ ዉቅያኖስ

Північний Льодовитий океан

ሰሜን ዋልታ

Північний полюс

ደቡብ ዋልታ

Південний полюс

አንታርክቲካ

Антарктика

ምድር

Земля

መሬት

суша

ባህር

море

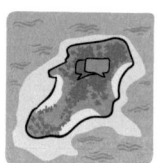

ደሴት

острів

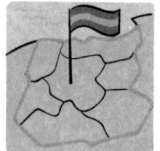

አገርና ህዝብ

нація

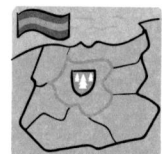

መንግስት

держава

የሰዓት ገፅታ

циферблат

ሰዓት

годинникова стрілка

ደቂቃ

хвилинна стрілка

ሴኮንድ

секундна стрілка

ስንት ሰዓት ነው?

Котра година?

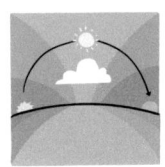

ቀን

день

ጊዜ

час

አሁን

зараз

የቁጥር ሰዓት

цифровий годинник

ደቂቃ

хвилина

ሰዓታት

година

ሰኞ
Понеділок

MO

TU

ማክሰኞ
Вівторок

W

ረቡዕ
Середа

TH

ሐሙስ
Четвер

ቅዳሜ
Субота

FR

አርብ
П'ятниця

SA

SO

እሁድ
Неділя

ትላንት
вчора

ዛሬ
сьогодні

ነገ
завтра

ማለዳ
ранок

ቀትር
опівдні

ምሽት
вечір

የስራ ቀናት
робочі дні

የዕረፍት ቀናት
кінець робочого тижня

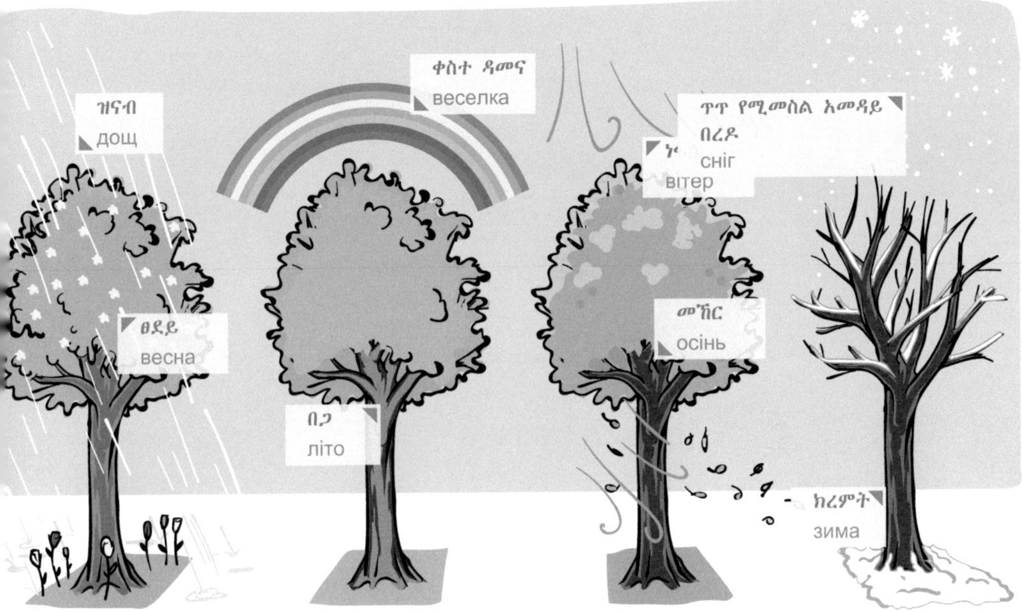

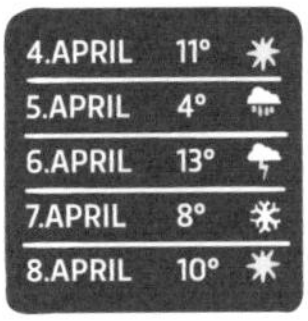

ዝናብ
дощ

ቀስተ ዳመና
веселка

ጥጥ የሚመስል አመዳይ
በረዶ
сніг

ነፋስ
вітер

ፀደይ
весна

መኸር
осінь

በጋ
літо

ክረምት
зима

4.APRIL	11°
5.APRIL	4°
6.APRIL	13°
7.APRIL	8°
8.APRIL	10°

የአየር ሁኔታ ትንበያ
прогноз погоди

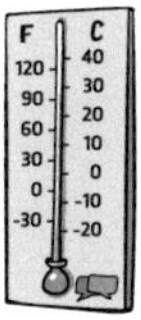

የሙቀት መለኪያ
термометр

የፀሀይ ሙቀት
сонячне світло

ደመና
хмара

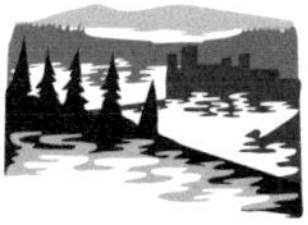

ጭጋግ
туман

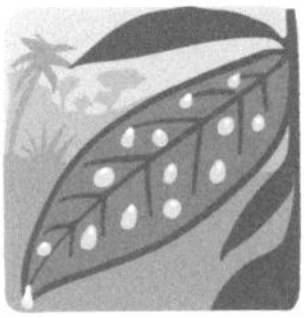

እርጥበታማነት
вологість повітря

መብረቅ

блискавка

ነጎድጓድ

грім

አዉሎ ንፋስ

шторм

የበረዶ ዝናብ

град

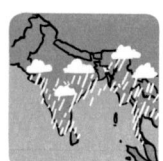

አዉሎ ንፋስ

мусон

ጎርፍ

повінь

በረዶ

лід

ጥር

Січень

የካቲት

Лютий

መጋቢት

Березень

ሚያዚያ

Квітень

ግንቦት

Травень

ሰኔ

Червень

ሐምሌ

Липень

ነሐሴ

Серпень

ዓመት - рік

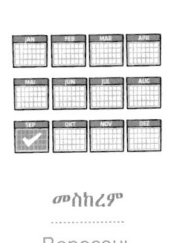

መስከረም

Вересень

ጥቅምት

Жовтень

ህዳር

Листопад

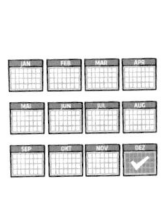

ታህሳስ

Грудень

ቅርዖች

форми

ክብ

круг

አራት ማዕዘን

квадрат

አራት ቀጥተኛ ማዕዘኖች ኖኖች ያሉት ቅርዕ

прямокутник

ሶስት ማዕዘን

трикутник

ሉል

куля

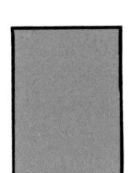

ስድስት ገን ያለዉ ቅርዕ

куб

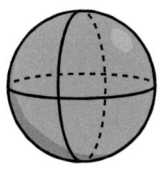

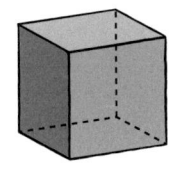

фарби

ነጭ

білий

ቢጫ

жовтий

ብርቱካናማ

помаранчевий

ሮዝ

рожевий

ቀይ

червоний

ወይን ጠጅ

фіолетовий

ሰማያዊ

синій

አረንጓዴ

зелений

ቡኒ

коричневий

ግራጫ

сірий

ጥቁር

чорний

ብዙ/ ጥቂት

багато / мало

ንዴት/ እርጋታ

лютий / мирний

ቆንጆ/ አስቀያሚ

гарний / бридкий

ጅማሬ/ ፍፃሜ

початок / кінець

ትልቅ/ ትንሽ

великий / малий

ደማቅ/ ደብዛዛ

світлий / темний

ወንድም/ እህት

брат / сестра

ንፁህ/ ቆሻሻ

чистий / брудний

የተሟላ/ ያልተሟላ

завершений /
незавершений

ቀን/ ምሽት

день / ніч

የሞተ/ ህያዉ

мертвий / живий

ሰፊ/ ጠባብ

широкий / вузький

የሚበላ/ የማይበላ
....
їстівний / неїстівний

ክፉ/ ደግ
....
злий / дружній

ደስተኛ/ ድብርተኛ
....
збуджений / нудьгуючий

ወፍራም/ ቀጭን
....
товстий / тонкий

መጀመርያ/ መጨረሻ
....
спочатку / востаннє

ጓደኛ/ ጠላት
....
друг / ворог

ሙሉ/ ጎዶሎ
....
повний / порожній

ጠንካራ/ ለስላሳ
....
жорсткий / м'який

ከባድ/ ቀላል
....
важкий / легкий

ረሃብ/ ጥማት
....
голод / спрага

ህመም/ ጤንነት
....
хворий / здоровий

ህገወጥ/ ህጋዊ
....
незаконний / законний

ጎበዝ/ ደደብ
....
розумний / дурний

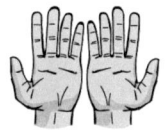

ግራ/ ቀኝ
....
вліво / вправо

ቅርብ/ ሩቅ
....
поруч / далеко

አዲስ/ አሮጌ

новий / використаний

ምንም/ የሆነ ነገር

нічого / щось

ሽማግሌ/ ወጣት

старий / молодий

የበራ/ የጠፋ

вкл / викл

ክፍት/ ዝግ

відкрито / закрито

ፀጥታ/ ጫጫታ

тихо / гучно

ሀብታም/ ደሃ

багатий / бідний

ትክክለኛ/ የተሳሳተ

правильно / неправильно

ሻካራ/ ለስላሳ

шорсткий / гладкий

ሐዘን/ ደስታ

сумний / щасливий

አጭር/ ረዥም

короткий / довгий

ዝግተኛ/ ፈጣን

повільно / швидко

እርጥብ/ ደረቅ

вологий / сухий

ሞቃት/ ቀዝቃዛ

гарячий / холодний

ጦርነት/ ሰላም

війна / мир

0

ዜሮ

нуль

1

አንድ

один

2

ሁለት

два

3

ሶስት

три

4

አራት

чотири

5

አምስት

п'ять

6

ስድስት

шість

7

ሰባት

сім

8

ስምንት

вісім

9

ዘጠኝ

дев'ять

10

አስር

десять

11

አስራ አንድ

одинадцять

12

አስራ ሁለት

дванадцять

13

አስራ ሶስት

тринадцять

14

አስራ አራት

чотирнадцять

15

አስራ አምስት

п'ятнадцять

16

አስራ ስድስት

шістнадцять

17

አስራ ሰባት

сімнадцять

18

አስራ ስስምንት

вісімнадцять

19

አስራ ዘጠኝ

дев'ятнадцять

20

ሃያ

двадцять

100

መቶ

сто

1.000

ሺህ

тисяча

1.000.000

ሚሊዮን

мільйон

ቁጥሮች - числа

 እንግሊዝኛ

англійська

የአሜሪካ እንግሊዝኛ

американська англійська

የቻይና ማንዳሪን

китайська
високочиновницька

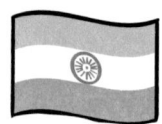

ሂንዱ

хінді

ስፓኒሽ

іспанська

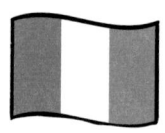

ፍሬንች

французька

አረብኛ

арабська

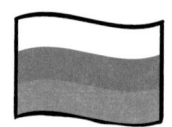

ራሺያኛ

російська

ፖርቹጊዝ

португальська

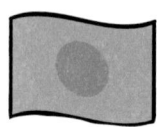

ቢንጋሊ

бенгальська

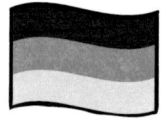

ጀርመን

німецька

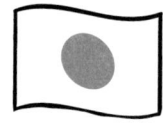

ጃፓንኛ

японська

እኔ
я

አንተ
ти

እሱ/ እርሷ/ እቃዉ
він / вона / воно

እኛ
ми

አንተ
ви

እነርሱ
вони

ማን?
хто?

ምን?
що?

እንዴት?
як?

የት?
де?

መቼ?
коли?

ስም
ім'я

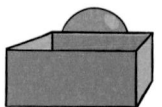

በስተጀርባ

ззаду

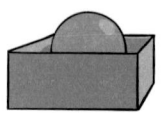

ዉስጥ

в

ከፊት ለፊት

перед

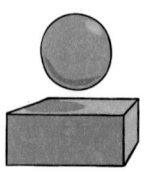

ከላይ

над

ላይ

на

ከስር

під

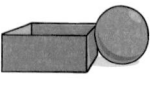

አጠገብ

біля

መሃከል

між

ቦታ

місце